BEI GRIN MACHT SICH IHR WISSEN BEZAHLT

- Wir veröffentlichen Ihre Hausarbeit,
  Bachelor- und Masterarbeit

- Ihr eigenes eBook und Buch -
  weltweit in allen wichtigen Shops

- Verdienen Sie an jedem Verkauf

Jetzt bei www.GRIN.com hochladen und kostenlos publizieren

Konzeption eines qualitativen Interviewleitfadens, gruppenbasierte Interviewverfahren und Gütekriterien qualitativer Forschung

Vertiefung wissenschaftlichen Arbeitens

Stephanie Krüger

Bibliografische Information der Deutschen Nationalbibliothek:

Die Deutsche Nationalbibliothek verzeichnet diese Publikation in der Deutschen Nationalbibliografie; detaillierte bibliografische Daten sind im Internet über http://dnb.d-nb.de abrufbar.

ISBN: 9783346412287
Dieses Buch ist auch als E-Book erhältlich.

Druck und Bindung: Books on Demand GmbH, Norderstedt Germany
Gedruckt auf säurefreiem Papier aus verantwortungsvollen Quellen

Das vorliegende Werk wurde sorgfältig erarbeitet. Dennoch übernehmen Autoren und Verlag für die Richtigkeit von Angaben, Hinweisen, Links und Ratschlägen sowie eventuelle Druckfehler keine Haftung.

Das Buch bei GRIN: https://www.grin.com/document/1011887

WISSENSCHAFTLICHES

ARBEITEN –

VERTIEFUNG

Einsendeaufgabe
Alternative A

Abgegeben am: 12.03.2021

SRH Fernhochschule

Stephanie Krüger

Inhaltsverzeichnis

Abkürzungsverzeichnis

bzw. .... *beziehungsweise*

z.B. .... *zum Beispiel*

Die Befragung ist die, in den empirischen Sozialwissenschaften, am häufigsten eingesetzte Methode zur Datenerhebung, um Fakten, Wissen, Meinungen, Einstellungen oder Bewertungen in sozialen Gruppen zu entdecken. Definiert wird das wissenschaftliche Interview als zielgerichtete, systematische und regelgeleitete Generierung und Erfassung von verbalen Äußerungen einer oder mehrerer Befragungspersonen zu ausgewählten Aspekten ihres Wissens, Erlebens und Verhaltens in mündlicher Form. Das Interview wird von einem Interviewer, welcher zugrunde liegende verbale Fragen einer Befragungsperson stellt, die Antworten dokumentiert und systematisch analysiert, durchgeführt. Zentral bei einem Interview ist neben den Komponenten Interviewer, Befragungsperson und Interviewfragen, die Befragungssituation. Die unterschiedlichen Formen einer Befragung lassen sich nach verschiedenen Klassifikationskriterien differenzieren, so unterschiedet man z.B. nach dem Strukturierungsgrad in qualitative und quantitative Interviews.[1] Des Weiteren unterscheidet man zwischen standardisierten Interviews, halboffenen bzw. halb-strukturieren Interviews und offenen bzw. unstrukturierten Interviews. Ersteres wird in der quantitativen Sozialforschung verwendet, während das halb-strukturierte und unstrukturierte Interview für die qualitative Sozialforschung relevant ist.[2] Im Folgenden wird das qualitative, halb-strukturierte Interview zur Messung der Unternehmensreputation des ambulanten Pflegedienstes *Herbstzeit* im Landkreis Anhalt-Bitterfeld gewählt, da es sich an einem Leitfaden orientiert, bei dem relevante Themen und Fragestellungen vorgegeben sind, ohne eine konkrete Reihenfolge vorzuschreiben. Zudem können die Interviewten frei antworten und aus Aussagen genauer eingegangen werden.[3]

Qualitative Interviews gehören zu den Kernelementen der empirischen Sozialforschung. In der Gesellschaft sind sie ein wichtiges Instrument, um Wissen und Erkenntnisse über Lebensbereiche, Lebensformen, Biografien, Wertvorstellungen, Meinungen, Handlungsmotivationen oder gesellschaftliche Problemlagen zu erhalten.[4]

---

[1] Vgl. Döring, N., Bortz, J., (2016), S. 356
[2] Vgl. Misoch, S., (2019), S. 14
[3] Vgl. Misoch, S., (2019), S. 13
[4] Vgl. Misoch, S., (2019), S. V

Sie haben zum Ziel, bestimmte soziale Phänomene wie Einstellungen, Motive, Emotionen und das Verhalten einer tiefen und differenzierten Analyse zu unterziehen, um diese nicht nur detailliert beschreiben, sondern auch nachvollziehen zu können.[5] Bei qualitativen Interviews ist das zentrale Element der Leitfaden. Er erfüllt eine Steuerungs- und Strukturierungsfunktion. Solch ein Leitfadeninterview ist nur teilweise strukturiert und beinhaltet alle Formen der Erhebung qualitativer Daten, die mittels eines vorab formulierten Leitfadens durchgeführt werden.[6]

Operationalisierung

Zur Erarbeitung und Konstruktion des Interviewleitfadens wird die Reputation des ambulanten Pflegedienstes *Herbstzeit* mittels des Modells zur Messung der Unternehmensreputation von Mark Eisenegger operationalisiert. Das Modell besteht aus den Dimensionen funktionale, soziale und expressive Reputation.

Schwerpunkt der funktionalen Reputation ist die Beurteilung der Leistungsziele der Funktionssysteme. Die Akteure werden danach beurteilt, ob diese in der Erreichung bestimmter Zwecke erfolgreich sind bzw. ob sie zur Zweckerreichung adäquate Mittel ergreifen. Da funktionaler Erfolg an Kennzahlen festgemacht werden kann, existieren objektiv vergleichbare Bewertungsmaßstäbe. Funktionale Reputation ist ein Indikator für teilsystem-spezifischen Erfolg und Fachkompetenz und wird daran festgemacht, wie gut eine Person die ihr zugewiesene Leistungsrolle ausfüllt oder wie gut eine Organisation dem Zweck dient, für den sie geschaffen wurde.

In der sozialen Reputationsdimension wird bewertet, ob der Reputationsträger die gesamtgesellschaftlich geltenden Normen und Werte akzeptiert und dies in seinem Handeln ausdrückt. Sie hält sich nicht an die Logik der Funktionssysteme, sondern beansprucht gesamtgesellschaftliche Geltung und bewertet die Legitimität und Integrität. Sie wird daran festgemacht, inwieweit kodifizierte wie nicht-kodifizierte gesellschaftliche Normen befolgt werden. Solange das Streben nach funktionalem

---

[5] Vgl. Misoch, S., (2019), S. 2
[6] Vgl. Misoch, S., (2019), S. 65

Erfolg nicht mit den Normen in Konflikt gerät, gilt die Sozialreputation eines Akteurs als intakt. [7]

Die expressiven Reputationsdimension wird weder zweck- noch wertrational bewertet. Vielmehr ist die individuelle Welt des Akteurs Gegenstand der Reputationszuweisung. Hier sind die emotionale Attraktivität und Authentizität des Akteurs bedeutsam. Überprüft wird, inwiefern das charakteristische Wesen des Akteurs attraktiv, sympathisch, authentisch, einzigartig und besonders ist. Da weder ein objektiver Bewertungsmaßstab noch gesellschaftliche Regeln über die Angemessenheit expressiver Handlungen existieren, ist die Dimension ein Urteil jedes Einzelnen. [8]

Konzeption des Interviewleitfadens

Der Leitfaden fungiert als „roter Faden" für die Erhebung der qualitativen, verbalen Daten und erfüllt folgende Funktionen:

- Thematische Rahmung und Fokussierung
- Auflistung aller relevanten Themenkomplexe, die im Interview angesprochen werden müssen
- Bessere Vergleichbarkeit der Daten durch thematische Rahmung
- Strukturierung des gesamten Kommunikationsprozesses

Der Leitfaden kann in unterschiedlichen Strukturierungsgraden erstellt werden, von konkret vorformulierten Fragen mit vorgeschriebener Reihenfolge bis hin zur stichwortartigen Themenliste, die in beliebiger Reihenfolge anzusprechen sind. Da der Interviewer recht unerfahren ist, werden die Fragen vorab ausformuliert und in eine feste Reihenfolge gebracht. Inhaltlich muss der Leitfaden alle relevanten Themen, in diesem Fall die drei Dimensionen nach Eisenegger, auflisten. Die Fragen sollen möglichst offen formuliert werden, um den Interviewten genug Raum für freie Antworten zu geben, damit dieser offen über Gefühle, Erfahrungen oder dem Selbsterlebten erzählen kann. [9] Bei der Formulierung der Fragen ist darauf zu achten,

---

[7] Vgl. Eisenegger, M., Imhof, K., (2009), S. 246 ff.
[8] Vgl. Studëli, B. K., (2015) S. 21
[9] Vgl. Misoch, S., (2019), S. 66

dass die Fragen leicht verständlich und kurz gehalten werden. Sie sollen eindeutig sein, indem sie sich nur auf einen Aspekt beziehen und keine doppelten Verneinungen beinhalten. Des Weiteren sind Suggestivfragen, die eine bestimmte Antworten nahelegen zu vermeiden.[10] Zu Beginn werden biografische Grundinformationen, wie Alter, Ausbildung und Beruf erfragt, damit dich die Interviewenden ein Bild vom Gegenüber machen und individuell auf die Befragungsperson eingehen können. Daran schließen sich allgemeine Fragen zum Untersuchungsthema an, die im Verlauf des Interviews durch detaillierte Fragen ergänzt werden. Abschließend werden heikle oder intime Fragen gestellt, um eventuelle Irritationen, die den Interviewverlauf beeinflussen können, zu vermeiden. Der Interviewleitfaden umfasst ein bis zwei Seiten und besteht aus acht bis fünfzehn Fragen.[11]

Aufbau und operative Durchführung

Nachdem der Leitfaden erstellt worden ist, wird ein Pre-Test durchgeführt, anhand dessen der Interviewleitfaden inhaltlich überprüft wird. Hier wird beispielsweise die Verständlichkeit der Fragen, deren Reihenfolge und der zeitliche Rahmen des Interviews getestet und Begriffe auf mögliche Missverständnisse geprüft. Nachdem der Pre-Test durchgeführt wurde und alle notwendigen Anpassungen vorgenommen worden sind, können die Teilnehmer nach Stichprobenplan rekrutiert werden.[12] Mit Ihnen wird das tatsächliche Interview durchgeführt, welches nicht nur eine inhaltliche, sondern auch eine strukturelle Ebene beinhaltet.

Das Interview besteht aus vier Phasen, die den Aufbau des Leitfadens bestimmen. In der Informationsphase wird der Befragte über die Studie, deren Zielsetzung und über die vertrauliche Behandlung der Daten informiert. Zudem wird vorab eine Einverständniserklärung für die Erhebung und Verarbeitung der Daten, unterzeichnet. Die Aufwärm- und Einstiegsphase, das sogenannte Warm-up, hat zum Ziel, dem Befragten mit einer möglichst offenen und breiten Frage, bei der der Befragte ins Erzählen kommen soll, den Einstieg in die Interviewsituation und in das Forschungsthema zu erleichtern. Anschließend werden in der Hauptphase die

---

[10] Vgl. Renner, K.H., Jacob, N.C., (2020), S. 49
[11] Vgl. Döring, N., Bortz, J., (2016), S. 372
[12] Vgl. Steffen, A., Doppler, S., (2019), S. 32

relevanten Themen erörtert. In der Ausklangs- und Abschlussphase wird das Interview beendet. Sie dient dazu, das gesamte Interview nochmal zu reflektieren und die Befragten dazu aufzufordern unerwähnte, aber für die Themenstellung relevante Informationen hinzuzufügen.[13] Anschließend wird das Interview offiziell beendet und der Interviewte verabschiedet.

Nach der Durchführung werden die Einverständniserklärung die Aufzeichnungen und ein Postskriptum gemäß der Datenschutzverordnung archiviert. Die Aufzeichnungen werden zusammen mit den soziodemographischen Angaben und Interviewnotizen verschriftlicht und anonymisiert.[14]

Auswahl der qualitativen Stichprobe (noch nicht fertig)

In der qualitativen Sozialforschung wird selten die Grundgesamtheit untersucht, sondern im Regelfall mit Stichprobenuntersuchungen gearbeitet. Die Stichprobe bezeichnet die zu befragenden Personen, die im Hinblick auf bestimmte Merkmalsausprägungen einen Teil der zu untersuchenden Grundgesamtheit darstellen. Qualitative Studien arbeiten meist mit kleinen Stichproben im ein- bis zweistelligen Bereich, daher erfolgt die Auswahl der Stichproben auch nicht zufällig, sondern bewusst. Andernfalls würden die Ergebnisse verzerrt und nicht aussagekräftig ausfallen.[15]

Zur Befragung werden unterschiedliche Anspruchsgruppen ausgewählt, die sich in ihrer Größe unterscheiden. Dementsprechend fällt auch die Zahl der befragten Anspruchsgruppen unterschiedlich aus. Wichtige Stakeholder des ambulanten Pflegedienstes *Herbstzeit* sind die Mitarbeiter, die Kunden und die Kooperationspartner, zu denen die behandelnden Ärzte der Kunden gehören. Des Weiteren gibt es noch die Geschäftsführung, Lieferanten, die Heimaufsicht, Verbände und konkurrierende Unternehmen, welche hier aber nicht berücksichtigt werden. Es werden fünf Mitarbeiter, zehn Kunden und vier Kooperationspartner des ambulanten Pflegedienstes *Herbstzeit* befragt, wobei bei den Kunden die Vertragsdauer zu

---

[13] Vgl. Misoch, S., (2019), S. 68
[14] Vgl. Döring, N., Bortz, J., (2016), S. 373
[15] Vgl. Döring, N., Bortz, J., (2016), S. 302

berücksichtigen ist. Die Anspruchsgruppen ähneln sich zwar in ihren Zielmerkmalen, allerdings ist deren interne Heterogenität vorab nicht genau bekannt und kann erst im Zuge der Datenanalyse festgestellt werden.[16] Insgesamt besteht die Fallauswahl somit aus 19 Befragungen.

---

[16] Vgl. Döring, N., Bortz, J., (2016), S. 305

Aufgabe A2:

Gruppenbasierte Interviewverfahren

Interviews können nicht nur mit Einzelpersonen, sondern auch mit Gruppen durchgeführt werden. So können nicht nur verbale Daten, sondern auch Prozesse einer Gruppeninteraktion und Gruppendynamik erfasst werden. Eine Gruppe besteht im soziologischen Sinne aus mehreren Menschen, die in einer sozialen Beziehung zueinander stehen. Diese Beziehung umfasst regelmäßige Interaktionen, ein Gefühl der Zusammengehörigkeit, ein System gemeinsam geteilter Werte und Normen, ein Geflecht aufeinander bezogener Rollen und eine gewisse Dauerhaftigkeit, sodass mit der Zeit eine Identifizierung der einzelnen Mitglieder mit der Gruppe stattfindet.[17]

Gruppenbasierte Interviewverfahren stellen eine Sonderform des standardisierten Interviews dar. Anders wie bei einem herkömmlichen Interview, bei dem eine Person von Angesicht zu Angesicht befragt wird, werden hier mehrere Personen mit ähnlichem Hintergrundwissen gleichzeitig befragt. Für gewöhnlich liegt die Zahl bei fünf bis maximal zehn Interviewpartnern. So soll die Interaktionsbeziehung zwischen den Gruppenteilnehmern nicht zu komplex werden und alle Teilnehmer erhalten ausreichende Möglichkeiten, das Wort zu ergreifen. Der Interviewer hat eine Liste mit Themenbereichen, die abgearbeitet werden und entwickelt durch gezielte Fragen eine Diskussion zwischen den Teilnehmern.[18] Dabei hat er die Aufgabe, allen Teilnehmern die Möglichkeit zu bieten, sich zu äußern und auf ausgeglichene Redebeiträge zu achten, sodass eine Balance zwischen Moderation und Steuerung der Gruppe besteht. Die Diskussion wird in der Regel auditiv oder audiovisuell aufgezeichnet und ausgewertet.[19]

---

[17] Vgl. Misoch, S., (2019), S. 138
[18] Vgl. Brosius, H-B., Haas, A., Koschel, F., (2016), S. 114
[19] Vgl. Stadlober, S., (2017), S. 48

Gruppeninterviews haben gegenüber Einzelinterviews mehrere Vorteile. Die Gesprächssituation ist eine natürliche, da die Teilnehmer spontan gemeinsam mit dem oder der Feldforscher(in) interagieren, gleichzeitig lässt sich das Gruppenverhalten analysieren. Möchte man im Zuge einer explorativen Vorstudie verschiedene Sichtweisen zum Thema sammeln, kann ein Gruppeninterview der Forschungsökonomie entgegenkommen, da Zeit gespart wird. Zudem können Widersprüche direkt aufgedeckt werden, indem abweichende Auffassungen sofort zutage treten und von allen Interviewpartnern kommentiert werden können. Widersprüche, die sich auf Fakten beziehen, können so aufgelöst werden, trotzdem können Diskrepanzen in Einstellungen und Bewertungen nebeneinander bestehen bleiben. Außerdem können so gemeinsame Sichtweisen erfasst werden.[20]

Andererseits bergen gruppenbasierte Interviewverfahren auch Nachteile. Die Tiefe des Einblicks in Einstellungen und Erfahrungen sind bei Einzelinterviews deutlich höher als in Gruppeninterviews, was unter anderem darauf zurückzuführen ist, dass der Redeanteil eines Einzelnen in Gruppeninterviews geringer ist.[21] Des Weiteren kann es dazu kommen, dass ein einzelner Teilnehmer die gesamte Situation dominiert und es so zu Verzerrungen in der Diskussion kommt und ruhigere Teilnehmer in einer lauten Diskussion untergehen. Die Auswertung von Gruppendiskussionen gestaltet sich zudem als sehr aufwendig und komplex.[22]

Einsatzbereiche und Ziele gruppenbasierter Interviewverfahren

Gruppenbasierte Verfahren haben unterschiedliche Ziele und Einsatzbereiche, die im Folgenden kurz genannt werden:

- Erkundung von Meinungen und Einstellungen von Betroffenen und der kollektiven Meinung und Einstellung der ganzen Gruppe

---

[20] Vgl. Döring, N., Bortz, J., (2016), S. 379
[21] Vgl. Renn, O., Schulz, M., Mack, B., (2012), S. 13
[22] Vgl. Dammer, I., Szymkowiak, F., (1998), S. 50

- Nachvollziehen gruppenspezifischer Verhaltensweisen und Handlungsentscheidungen sowie Rekonstruktion deren zugrunde liegender Dynamik
- Analyse der Gruppenprozesse, die zur Bildung von Meinungen und Einstellungen führen
- Rekonstruktion kollektiver Orientierungsmuster
- Nachvollziehen systemimmanenten Praktiken und deren zugrunde liegender sozialen Dynamik
- Qualitative Untersuchung von Motivationsstrukturen[23]

Die Fokusgruppe

Bei der Fokusgruppe handelt es sich um eine spezielle Technik der qualitativen Gruppenbefragung, die sich aus dem fokussierten Interview heraus entwickelt hat.[24] Unter Fokusgruppen werden alle Gruppenverfahren verstanden, die anhand eines moderierten und strukturierten Verfahrens eine zeitlich begrenzte und thematisch orientierte Gruppeninteraktion zu einem bestimmten Thema mittels eines Stimulus initiieren. Die Teilnehmenden werden vorab anhand bestimmter Kriterien zusammengestellt.[25]

Der Ablauf der Fokusgruppen-Methode besteht aus vier zentralen Arbeitsphasen:

Zu Beginn steht die Planung der Fokusgruppen-Diskussion. Ein geeigneter Grundreiz muss ausgewählt, ein stimmiger Diskussionsleitfaden zusammengestellt und beides praktisch erprobt werden. Zudem muss der Diskussionsleitende ausgewählt und geschult und Teilnehmende rekrutiert und sinnvoll in kleine Gruppen eingeteilt werden. Meist wird mit Ad-hoc-Gruppen gearbeitet, teilweise aber auch mit natürlichen Gruppen, dessen Personen sich einander bereits kennen. Beides hat Vor- und Nachteile: Unbekannte haben sich unter Umständen mehr zu erzählen, während unter Bekannten eine entspanntere Atmosphäre herrscht. Zudem muss bei der Wahl der

---

[23] Vgl. Krajic, K., Reiter, C., Wimmer, E., Flecker, J., (2016) S. 42
[24] Vgl. Döring, N., Bortz, J., (2016), S. 380
[25] Vgl. Misoch, S., (2019), S. 139

Teilnehmer entschieden werden, welche Personenmerkmale für das Thema relevant sind und inwiefern mit homogenen oder heterogenen Gruppen gearbeitet werden soll.

In der zweiten Phase erfolgt die Durchführung. Es wird mit einer Einführung begonnen, in der die Moderierenden sich und die Studie vorstellen, den Ablauf und die Spielregeln erklären und die Gruppenmitglieder einander bekannt machen. Den eigentlichen Einstieg in die Thematik bietet der Grundreiz, der einen Diskussionsanstoß geben soll. Dies kann zum Beispiel eine provokante Aussage, ein Filmclip, ein Produktbeispiel oder eine Infografik sein. Ziel ist eine selbstläufige Diskussion, vergleichbar mit einem alltäglichen Gruppengespräch. Die Moderierenden bleiben neutral und greifen nur dann in das Kommunikationsgeschehen ein, wenn sich die Diskussion zu stark vom Thema entfernt oder wenn bereits angesprochene Aspekte vertieft werden sollen. Wenn das Thema von der Gruppe ausreichend diskutiert wurde, werden in einer Nachfrage-Phase Themenaspekte von der Diskussionsleitung angesprochen, die noch nicht zur Sprache kamen, aber relevant sind. In der Abschluss-Phase kann die Gruppe mit Widersprüchen und Inkonsistenzen konfrontiert und nach vernachlässigten Aspekten gefragt werden. Die Fokusgruppe endet mit Dank und Verabschiedung.

Anschließend wird in der dritten Phase die Diskussion dokumentiert. Fokusgruppen werden vollständig aufgezeichnet, wobei zusätzlich zur Audioaufnahme auch eine Videoaufnahme hilfreich ist, um die Wortbeiträge den einzelnen Personen zuordnen zu können. Diese Aufzeichnungen werden transkribiert.

Zuletzt erfolgt dann die Auswertung. Die qualitative Analyse der Transkripte läuft meist darauf hinaus, die verschiedenen Erfahrungen und Meinungen zum fokussierten Thema zu sammeln. In selteneren Fällen wird auch der Diskussionsprozess und die Gruppendynamik analysiert.[26]

Fokusgruppen werden sowohl in der akademischen Forschung als auch in der Markt- und Gesundheitsforschung eingesetzt, daher etabliert sich diese Methode auch für sehr sensible Themenbereiche, da sie die freie Meinungsäußerung aller Mitglieder ermöglicht. Fokusgruppen haben sich vor allem für folgende Einsatzbereiche bewährt:

---

[26] Vgl. Döring, N., Bortz, J., (2016), S. 381

- Als Testverfahren, um die Wirkung von medial vermittelten Inhalten zu ermitteln
- Zur Analyse von Meinungsvielfalten
- Als Instrument zur Akzeptanzanalysen
- Als Instrument zur Konfliktschlichtung
- Zur und Evaluierung bestimmter Maßnahmen[27]

---

[27] Vgl. Renn, O., Schulz, M., Mack, B., (2012), S. 11

Gütekriterien qualitativer Forschung

Gütekriterien qualitativer Forschungsprozesse dienen dazu, die Qualität bei der Durchführung empirischer Forschungsprojekte sicherzustellen und wissenschaftliche Erkenntnisse transparent, verlässlich und aussagekräftig darzustellen. [28] Mithilfe von Regeln und systematischen Vorgehensweisen wird die Qualität der Studienplanung und der Durchführung der Datenerhebung, -aufzeichnung, -transkription und - auswertung sichergestellt. Empirische Daten erhalten so einen wissenschaftlichen Nutzen und eine gesellschaftliche Relevanz. [29] Qualitative Forschung zeichnet sich durch ein geringes Maß an Standardisierung aus, um den paradigmatischen Anspruch auf Offenheit, Gegenstandsangemessenheit und Prozesshaftigkeit gerecht werden zu können. Daher erweist sich die Festlegung klar formulierter, einheitlicher Gütekriterien für die qualitative Sozialforschung als wesentlich schwieriger als für die quantitative Forschung.[30]

So haben sich drei verschiedene Grundpositionen bzgl. der Gütekriterien qualitativer Forschung herauskristallisiert:
Eine Position stellt das Arbeiten mit Kriterienkatalogen grundsätzlich in Frage, weshalb nach Alternativen für die Bewertungspraxis gesucht wird. Ein weiterer Ansatz zur Definition von Gütekriterien besteht darin, sich an den Gütekriterien quantitativer Forschung zu orientieren, bzw. diese auf den qualitativen Ansatz zu übertragen. Dazu werden meist die Gütekriterien „Objektivität", „Reliabilität" und „Validität" als Grundlage verwendet. Fraglich ist allerdings, ob es sinnvoll ist Kriterien für Studien, die einem ganz anderen wissenschaftstheoretischen Paradigma folgen, in das qualitative Paradigma zu importieren. Ein dritter Ansatz, dem mehr Akzeptanz zugesprochen wird, zielt darauf ab, aus der Logik der qualitativen Forschung heraus eigene Gütekriterien zu entwickeln und Techniken ihrer Sicherstellung anzugeben. Dies hat dazu geführt, dass es in der Fachliteratur mehr als hundert verschiedene

---

[28] Vgl. Wirtz, M. A., (2019)
[29] Vgl. Misoch, S., (2019), S. 245
[30] Vgl. Wirtz, M. A., (2019)

Kriterienkataloge gibt. Ein umfassender Kriterienkatalog stammt z.B. von Elliott, Fischer und Rennie, der sieben Kriterien der Wissenschaftlichkeit und sieben spezifische Qualitätskriterien für gute qualitative Forschung vorschlägt.[31]

Vier Kriterien der Glaubwürdigkeit von Lincoln und Guba

Der mit Abstand am häufigsten zitierte Kriterienkatalog geht auf die US-amerikanische Erziehungswissenschaftlerin Yvonna Lincoln und ihrem Kollegen Egon Guba zurück. Gemäß der beiden muss gute qualitative Forschung das Ober-Kriterium der Glaubwürdigkeit erfüllen. Sie muss also überzeugen, dass die Ergebnisse der jeweiligen qualitativen Studie aussagekräftig sind und etwas über die untersuchte soziale Wirklichkeit aussagen.[32] Zusätzlich zur Glaubwürdigkeit gibt es die Kriterien Nachvollziehbarkeit, Verlässlichkeit und Übertragbarkeit.

Die Glaubwürdigkeit ist mit der internen Validität der quantitativen Forschung gleichzusetzen und von besonderer Bedeutung. Validität bedeutet Gültigkeit von Daten, d.h. ob die bei der Messung erzeugten Daten die zu messende Größe abbilden. [33] Für die Auswertung qualitativer Daten mittels Inhaltsanalyse sind naturgemäß primär Kriterien der internen Studiengüte zu formulieren. Ähnlich wie bei der internen und externen Validität ist davon auszugehen, dass die interne Studiengüte eine notwendige Vorbedingung für die externe Studiengüte ist. Lincoln und Guba beschreiben Strategien, um die Glaubwürdigkeit zu steigern.

- Aktivitäten, die es wahrscheinlicher machen, dass glaubwürdige Ergebnisse und Interpretationen erstellt werden (Prolonged engagement, persistent observation and triangulation)
- regelmäßiges Treffen und Austauschen mit kompetenten Personen außerhalb des Forschungsprojekts (peer debriefing). Die Experten nehmen zur Vorgehensweise und den Ergebnissen des Projekts Stellung und lenken die Aufmerksamkeit auf Tatbestände, die leicht übersehen werden.

---

[31] Vgl. Döring, N., Bortz, J., (2016), S. 107
[32] Vgl. Döring, N., Bortz, J., (2016), S. 108
[33] Vgl. Misoch, S., (2019), S. 251

- Die Verfeinerung von Arbeitshypothesen, wenn immer mehr Informationen verfügbar werden (negative case analysis)
- Der Vergleich vorläufiger Ergebnisse und Interpretationen mit archivierten „Rohdaten" (referential adequacy)
- Das Member Checking bzw. die kommunikative Validierung entspricht einer Besprechung der Analyseergebnisse mit den Forschungsteilnehmenden selbst, um eine qualifizierte Rückmeldung zu den Forschungsresultaten zu erhalten. Diese kommunikative Validierung der Ergebnisse dient der Absicherung, dass der Forscher die Untersuchten auch richtig verstanden hat.[34]

Das Kriterium der Verlässlichkeit ist das Pendant zur Reliabilität der quantitativen Forschung. Reliabilität bedeutet Stabilität der empirisch gemessenen Daten. In der quantitativen Forschung bedeutet dies, dass mit denselben Messinstrumenten an denselben Objekten durchgeführte Messungen zu denselben Ergebnissen führen muss. In der qualitativen Forschung liegt der Fokus allerdings auf die Verlässlichkeit der Daten und nicht auf die Replizierbarkeit. Die Verlässlichkeit wird als Stabilität und Konsistenz des Erhebungsprozesses im Zeitverlauf definiert. Die Prüfung der Zuverlässigkeit qualitativer Daten erfolgt durch die transparente Darstellung und somit Überprüfbarkeit des gesamten Forschungsprozesses, vom Studiendesign bis hin zur Datenauswertung nach Abschluss der Erhebung. Der Grad der Verlässlichkeit wird mit Verlässlichkeits- bzw. Prozessaudits festgestellt. [35]

Die Nachvollziehbarkeit ist die Alternative zur Objektivität. Objektivität bedeutet, dass die Messergebnisse unabhängig vom Messenden sein sollen. Die Nachvollziehbarkeit fokussiert sich dabei nicht auf den Forschenden selbst und der sicher gestellten Unabhängigkeit, sondern auf die Ergebnisse der qualitativen Forschung. Ergebnisse sind dann nachvollziehbar, wenn Daten auf ihre Quellen zurückverfolgt werden können und die Prozesse und Argumente, die zu einer Erkenntnis führen, plausibel sind.[36]

Die Gewährleistung der Übertragbarkeit und auch der Verallgemeinerung der Ergebnisse zählt zu den Zielen qualitativer Forschung. Die Übertragbarkeit ist das

---

[34] Vgl. Lincoln, Y., Guba, E. G., (1993), S. 301
[35] Vgl. Misoch, S., (2019), S. 250
[36] Vgl. Vgl. Ornau, F., (2014), S. 75

Pendant zur externen Validität. Sie beschreibt, in welchem Maße qualitative Ergebnisse, die in einem konkreten Kontext gewonnenen wurden, auf einen anderen Kontext übertragen werden können. Dies zu gewährleisten ist für die qualitative Forschung eine große Herausforderung, da jeweils kleine Stichproben untersucht werden und das Ziel qualitativer Forschung nicht in statistischer Repräsentativität liegt.[37]

Anwendung der Gütekriterien auf die qualitative Inhaltsanalyse

Die qualitative Inhaltsanalyse ist eine Auswertungsmethode, die Texte bearbeitet, welche im Rahmen sozialwissenschaftlicher Forschungsprojekte in der Datenerhebung anfallen, wie z. B. Transkripte von offenen Interviews oder Fokusgruppen. Mit ihr steht ein Verfahren qualitativ orientierter Textanalyse zur Verfügung, das große Materialmengen bewältigen kann, dabei aber im ersten Schritt qualitativ-interpretativ bleibt und so auch latente Sinngehalte erfassen kann. Das Vorgehen ist dabei regelgeleitet und damit stark intersubjektiv überprüfbar.[38]

Um die Verlässlichkeit der Methode zu gewährleisten, wird untersucht, ob das Kategoriensystem bei wiederholtem Einsatz am selben Material zu gleichen Ergebnissen kommt und sich somit als zuverlässig erweist. Die Bestimmung der inhaltsanalytischen Verlässlichkeit kann auf unterschiedliche Weise erfolgen. Die Intercoder-Reliabilität, gilt als ein spezifisches Instrument der qualitativen Inhaltsanalyse und wird ermittelt, indem zwei Personen das Datenmaterial anhand des Kategoriensystems und mit Hilfe des Kodierleitfadens unabhängig voneinander kodieren. Diese Codierungen werden dann miteinander verglichen. So kann überprüft werden, ob die Kategorien verständlich formuliert und trennscharf sind. [39] Die Intracoder-Reliabilität wird berechnet, indem Codierer zu Beginn und am Ende der Feldphase die gleichen Texte codieren und die Ergebnisse dann verglichen werden. So kann gemessen werden, ob eine Gewöhnung eintritt, oder Kategorien im Verlauf unterschiedlich verstanden werden. Bei der Forscher-Codierer-Reliabilität wird

---

[37] Vgl. Misoch, S., (2019), S. 255
[38] Vgl. Blasius, J., Baur, N., (2019), S. 633
[39] Vgl. Scheibler, P., (2021)

überprüft, inwiefern die Codierungen des Forschers mit denen der Codierer übereinstimmen.[40]

Die Nachvollziehbarkeit der qualitativen Inhaltsanalyse wird mittels der Definition von Kategorien gewährleistet. Eine solche Definition erfolgt durch eine Umschreibung des jeweiligen Inhalts und durch Angabe von Indikatoren, damit eine spätere Zuordnung der Textbestandteile zu den ihnen entsprechenden Kategorien möglich ist. Um dies zu erleichtern, werden „Ankerbeispiele" aus dem Textmaterial ausgesucht, welche in prägnanter Weise verdeutlichen sollen, welche thematisch abgrenzbaren Textinhalte einer Kategorie zugeordnet werden müssen.[41]

Die Glaubwürdigkeit von Ergebnissen lässt sich deutlich schwerer beurteilen, da es darum geht, wie angemessen die gewählten Kategorien die Forschungsfrage abbilden und ob die Ergebnisse vor dem gesamten Forschungshintergrund sachlich gültig sind. Um die Glaubwürdigkeit bei der qualitativen Inhaltsanalyse zu gewährleisten gibt es vier Typen von Validitätsprüfung. Mit der Analysevalidität wird geprüft, wie gut der Codierer Zielsetzung, Forschungszweck und -logik verinnerlicht hat. Die Inhaltsvalidität beschreibt die Gültigkeit der Messung. Im Rahmen ihrer Prüfung kann festgestellt werden, inwiefern der Test auch das misst, was er testen soll und ob sich das Messverfahren eignet, um das gewünschte Ziel zu erreichen. Die Kriteriumsvalidität zieht zur Sicherung der Gültigkeit auch Außenkriterien heran, die sich aus anderen Studien mit ähnlichen Fragestellungen und Vorgehensweisen ergeben. Die Inferenzvalidität hinterfragt, ob Interpretationen und Rückschlüsse auf Kommunikator und Rezipient, die auf Basis der Inhaltsanalyse getroffen wurden, valide sind. Auch hier werden externe Quellen miteinbezogen.[42]

Im Rahmen der Inhaltsanalyse kann die Erfassung der Übertragbarkeit anhand von festgelegten und dokumentierten Transkriptionsregeln erfolgen. Mit der Bildung einer formalen Kategorie, welche die Rahmenbedingungen der jeweiligen Untersuchungen beinhaltet, kann der jeweilige Forschungskontext erfasst werden.[43] Zudem wird die

---

[40] Vgl. Katholische Universität Eichstätt-Ingolstadt (2021)
[41] Vgl. Scheibler, P., (2021)
[42] Vgl. Katholische Universität Eichstätt-Ingolstadt (2021)
[43] Vgl. Vgl. Ornau, F., (2014), S. 17

Teilnehmerauswahl und die Beziehung zwischen Forschenden, Teilnehmern und der Umgebung beschrieben.[44]

---

[44] Vgl. Döring, N., Bortz, J., (2016), S. 109

Interviewleitfaden zur Ermittlung der Unternehmensreputation des ambulanten Pflegedienstes *Herbstzeit*

1. Begrüßung und Eröffnung des Interviews

Sehr geehrte Frau .../ sehr geehrter Herr ...,

ich heiße Sie herzlich zum heutigen Interview willkommen und bedanke mich bei Ihnen für Ihre Bereitschaft an diesem Interview teilzunehmen. Ich freue mich, dass Sie sich die Zeit nehmen, mich mit Ihren Antworten zu unterstützen.

Vorab werde ich Ihnen kurz das Ziel und die Durchführung des Interviews erläutern. Mein Name ist Stephanie Krüger und ich studiere Gesundheitsmanagement an der SRH Fernhochschule Riedlingen. Im Rahmen meines Studiums untersuche ich die Unternehmensreputation des ambulanten Pflegedienstes *Herbstzeit* und befrage im Zuge dessen Kunden, Mitarbeiter und Klienten.

Zur Datenerhebung führe ich heute mit Ihnen dieses Interview durch und bitte Sie, meine Fragen ehrlich und ausführlich zu beantworten, sowie mir alle Aspekte mitzuteilen, die sie im Rahmen der jeweiligen Frage für wichtig erachten. Durch die offene Fragestellung können Sie selbst entscheiden, wie und in welchem Umfang Sie antworten möchten.

Das Interview dauert in etwa 45 Minuten. Ich werde Sie nicht unterbrechen und Ihre Antworten werden nicht bewertet. Für eine aussagekräftige Auswertung ist es notwendig, das Gespräch aufzuzeichnen, damit ich mich während des Interviews vollständig auf die Befragung konzentrieren kann. Ihre Daten werden anonymisiert und vertraulich behandelt und nur im Rahmen meiner wissenschaftlichen Arbeit verwendet.

Wenn Sie damit einverstanden sind, bitte Ich Sie die vorliegende Einverständniserklärung zu unterzeichnen.

Wenn Sie keine weiteren Fragen haben, beginnen wir nun mit der Befragung.

2. Formale Daten

Bevor die eigentliche Befragung beginnt, habe ich ein paar allgemeine Fragen zu Ihrer Person.

- Geschlecht: männlich/weiblich
- Wie alt sind sie?
- Welcher ist Ihr höchster Schulabschluss?
- Haben Sie Kinder? Wenn ja, wie viele?
- Welchen Familienstand haben Sie?
- In welchem Verhältnis stehen Sie zu dem ambulanten Pflegedienstes *Herbstzeit*?
  Kunde/ Mitarbeiter/ Kooperationspartner

Ort, Datum: _____

Beginn: _____

Ende _____

3. Die funktionale Reputation

3.1 Wie würden Sie die Dienstleistungs- und Servicequalität des Pflegedienstes beschreiben?
- Verlässlichkeit, Sorgfalt und Kompetenz der Mitarbeiter
- Verfügbarkeit von Leistungen
- Beratungsqualität der Mitarbeiter

3.2 Arbeitet das Management zielgerichtet?

3.3 Arbeitet der Pflegedienst nach aktuellen wissenschaftlichen Erkenntnissen?

3.4 Werden Arbeitsmittel wirtschaftlich eingesetzt?

3.5 Bietet der Pflegedienst Zusatzleistungen an, die über die Grundversorgung hinaus gehen?

3.6 Sind Sie mit dem Preis-Leistungs-Verhältnis zufrieden?

3.7 Verfügt der Pflegedienst gegenüber Wettbewerbern über einen Vorteil oder Alleinstellungsmerkmal?

3.8 Gehört der Pflegedienst zu den Marktführern im Landkreis Anhalt-Bitterfeld?

3.9 Wie würden Sie den wirtschaftlichen Erfolg des Unternehmens einschätzen?

- Wie sehen Sie die Entwicklungsmöglichkeiten in den kommenden 5 Jahren
- Welche Faktoren beeinflussen Ihrer Meinung nach die Entwicklung des Pflegedienstes?
- Kennen Sie Ziele des Unternehmens?

4. Die soziale Reputation

4.1 Wie schätzen Sie das Engagement der Mitarbeiter ein?

4.2 Ist eine ausreichende Qualifikation der Mitarbeiter vorhanden?

4.3 Ist der Pflegedienst ein attraktiver Arbeitgeber?

- Wird auf das Wohlergehen der Mitarbeiter geachtet?
- Können Sie sich vorstellen, dort zu arbeiten?

4.4 Wie schätzen Sie den Umgang der Mitarbeiter mit den Kunden ein?

- Wie empathisch sind die Mitarbeiter?
- Wird auf das Wohlergehen der Kunden geachtet?
- Wird auf individuelle Bedürfnisse und Wünsche der Kunden eingegangen?

Fragen speziell an die Mitarbeiter:

4.5 Fühlen Sie sich bei Ihrer Arbeit wertgeschätzt?

4.6 Wie verhalten sich die Kunden Ihnen gegenüber

4.7 Erhalten Sie ein ausreichendes Angebot bzw. eine Freistellung für Fort- und Weiterbildungen?

4.8 Wie empfinden Sie den täglichen Arbeitsaufwand?

5. Die expressive Reputation

5.1 Fühlen Sie sich in Anwesenheit der Mitarbeiter wohl?

5.2 Erfüllt der Pflegedienst seinen Zweck?

5.3 Wie würden Sie die pflegerische Arbeit bewerten?

5.4 Würden Sie den Pflegedienst Freunden und Verwandten weiterempfehlen?

6. Ende

Wir sind nun am Ende des Interviews angelangt. Gibt es von Ihrer Seite noch Dinge, die wir im Interview nicht angesprochen haben, die Sie aber gerne noch hinzufügen möchten?

Ich bedanke mich hiermit herzlich für Ihre Offenheit und die Zeit, die Sie investiert haben. Sollten Sie im späteren Verlauf noch Fragen oder Interesse an den Ergebnissen der Interviews haben, können Sie mich gerne per E-Mail kontaktieren.

Blasius, Jörg; Baur, Nina (Hg.) (2019): Handbuch Methoden der empirischen Sozialforschung. 2. Auflage. Wiesbaden: Springer VS.

Brosius, Hans-Bernd; Haas, Alexander; Koschel, Friederike (2016): Methoden der empirischen Kommunikationsforschung. Eine Einführung. 7. Auflage. Wiesbaden: VS Verlag für Sozialwissenschaften.

Dammer, Ingo; Szymkowiak, Frank (1998): Die Gruppendiskussion in der Marktforschung. Grundlagen - Moderation - Auswertung Ein Praxisleitfaden. Wiesbaden: VS Verlag für Sozialwissenschaften.

Döring, Nicola; Bortz, Jürgen (2016): Forschungsmethoden und Evaluation in den Sozial- und Humanwissenschaften. Berlin, Heidelberg: Springer.

Eisenegger, Mark; Imhof, Kurt (2009): Funktionale, soziale und expressive Reputation – Grundzüge einer Reputationstheorie. In: Ulrike Röttger (Hg.): Theorien der Public Relations. Wiesbaden: VS Verlag für Sozialwissenschaften, S. 243–264.

Katholische Universität Eichstätt-Ingolstadt (Hg.) (2021): Pretest, Reliabilität, Validität – Methoden: Grundlagen der empirischen Sozialforschung. Online verfügbar unter https://eo-vmw-jwpa.ku.de/journalistik/methoden/methoden-der-empirischen-sozialforschung/inhaltsanalyse/quantinhaltsanalyse/quantitative-inhaltsanalyse-pretest-reliabilitaet-validitaet/, zuletzt aktualisiert am 02.03.2021, zuletzt geprüft am 02.03.2021.

Krajic, Karl; Reiter, Cornelia; Wimmer, Eva; Flecker, Jörg (2016): Qualitative Erhebungs- und Auswertungsmethoden zur Umsetzung qualitativ hochwertiger Evaluationen – Beitrag zum Baukastensystem für Evaluationen im Präventionsbereich der AUVA: Institut für Soziologie, Universität Wien; AUVA Allgemeine Unfallversicherungsanstalt.

Lincoln, Yvonna S.; Guba, Egon G. (1993): Naturalistic inquiry. 11. print. Newbury Park [u.a.]: Sage.

Misoch, Sabina (2019): Qualitative interviews. 2. Auflage. Berlin, Boston: De Gruyter Oldenbourg.

Ornau, Frederik (2014): Inhaltsanalyse. Titel-Nr. 1141-01. Riedlingen: SRH Fernhochschule.

Renn, Ortwin; Schulz, Marlen; Mack, Birgit (2012): Fokusgruppen in der empirischen Sozialwissenschaft. Von der Konzeption bis zur Auswertung. Linz: Institut für Sozial- und Wirtschaftswissenschaften.

Renner, Karl-Heinz; Jacob, Nora-Corina (2020): Das Interview. Berlin, Heidelberg: Springer.

Roos, Markus; Leutwyler, Bruno (2017): Wissenschaftliches Arbeiten im Lehramtsstudium. Recherchieren, schreiben, forschen. 2. Auflage. Bern: Hogrefe.

Röttger, Ulrike (Hg.) (2009): Theorien der Public Relations. Wiesbaden: VS Verlag für Sozialwissenschaften.

Scheibler, Petra (2021): Qualitative Inhaltsanalyse (1). Hg. v. studi-lektor. Online verfügbar unter https://studi-lektor.de/tipps/qualitative-forschung/qualitative-inhaltsanalyse.html, zuletzt aktualisiert am 02.03.2021, zuletzt geprüft am 02.03.2021.

Scheibler, Petra (2021): Qualitative Inhaltsanalyse 2 von 2. Hg. v. studi-lektor. Online verfügbar unter https://studi-lektor.de/tipps/qualitative-forschung/qualitative-inhaltsanalyse-2.html, zuletzt aktualisiert am 02.03.2021, zuletzt geprüft am 02.03.2021.

Stadlober, Sabine (2017): Reflexions- und Transfermaßnahmen in der Führungskräfteentwicklung. Wiesbaden: Springer Fachmedien.

Steffen, Adrienne; Doppler, Susanne (2019): Einführung in die Qualitative Marktforschung. Wiesbaden: Springer Fachmedien.

Studëli, Barbara Kouhler (2015): Identitauten in der ouffentlichen kommunikation. Funktion und bedeutung fur die reputation oukönomischer akteure. Wiesbaden: Springer VS.

Wirtz, Markus Antonius (2019): Gütekriterien qualitativer Forschungsprozesse im Dorsch Lexikon der Psychologie. Online verfügbar unter https://dorsch.hogrefe.com/stichwort/guetekriterien-qualitativer-forschungsprozesse.